臨港聚落

大林蒲、鳳鼻頭、邦坑仔影像選輯

Photographs of
Dalinpu,
Fongbitou and
Bangkeng

記憶中的大林蒲・我們的家園

「大林蒲漁家錯落」，這是文獻中最早出現對於大林蒲的記載，大林蒲與鳳鼻頭聚落，行政區位於今高雄小港區內，主要涵蓋了鳳林、鳳森、鳳興、鳳源、龍鳳、鳳鳴六個里，目前共有一萬一千餘戶，近二萬人居住於此，是一個濱海大型聚落。大林蒲與鳳鼻頭聚落開發甚早，早期還有「小鳳山」的別稱。口耳相傳居住此區的先民是隨著鄭成功的部隊來臺開墾定居。

然而，在文獻上卻遲至乾隆年間的《重修鳳山縣志》才陸續出現對於大林蒲的記載，大林蒲從早期開發後，幾個世紀以降，大林蒲的先民胼手胝足，在此以漁獵、曬鹽及農業為生。

1960年代政府開始在鄰近的台糖蔗田設立了臨海工業區，接踵而來的十大建設煉鋼廠、造船廠陸續進駐，原有屬於大林蒲的天際線與生活慢慢受到林立工廠的包圍，加上第二港口的開闢、紅毛港遷村後的亞洲貨櫃中心的營運，隨之而來的噪音及空氣污染問題，劇烈地改變了大林蒲的生活。

目前圍繞著大林蒲的地區有中油大林煉油廠、台電大林發電廠及中鋼及台船廠區等重工業包圍的特殊景象，居民因生活環境遭受嚴重干擾、汙染，從1980年代開始陸續發起抗爭活動，促使政府重視大林蒲居住環境之問題。

高雄市政府文化局於2017年接受經濟部工業局委託，執行「大林蒲遷村先期調查及評估作業計畫－地方文史資源調查與紀錄」計畫，為使民眾更能對於遷村議題有所認識，進一步建構市民對高雄鄉土的認同，委託高雄市立歷史博物館，分別在大林蒲、鳳鼻頭區域進行綿密的文獻資料爬梳、影像紀實與無形文化資產紀錄，為保存在地相關之歷史記憶與生活印象，積極與居民串連，徵集該地史料、文物及影像。

《臨港聚落－大林蒲・鳳鼻頭・邦坑仔影像選輯》為先期計畫所徵集之成果。在各界的協助下，取得平烈浩、邱忠建、吳啟泉、吳瑞宗、林建良、洪富賢、陳海瑞、許順水、許順良、黃瑛明、鳳鳴國小、鳳興里辦公處、蔡泰隆、蔡耀慶、顏明邦、龔飛濤等16位拍攝者及所有者提供影像授權，透過眾人之力，忠實呈現大林蒲與鳳鼻頭聚落的今昔歲月、土地與人民的脈動，並記錄其中的日常生活與民俗活動風貌。

目錄

街景歳月

Street view

鳳鼻頭人在山仔頭前的礁石周圍捕烏魚／1930 年代／龔飛濤 提供

鳳鼻山邊近海居，灰飛時節網烏魚。節前節後依時到，有信年年總不虛（清鳳山縣生員，周揚理詩）

鳳鼻頭山仔頭及海灘／ 1930 年代／龔飛濤 提供

鳳鼻頭海岸線因風害而內縮百餘米，現因南星填海計畫，陸陷問題似乎得到解決，但
此圖原有的天然海灘卻不見了

大林蒲街景／1970 年代／許順良 提供
大林蒲鳳興路路段

大林蒲街景／約 1970 年代／陳海瑞 提供

鳳西街

大林蒲理髮店／ 1970 年代／蔡高明 攝影／蔡泰隆 提供
老兵沈春財的理髮店

大林蒲航照圖／1976年12月4日／鳳興里辦公處 提供

呈現1976年末大林蒲地區的聚落情形，可以見到當時大林蒲地區是個熱鬧的大聚落，
周圍有農田，不遠處可以看到海岸線的浪花。相片中的聚落也顯示了由傳統三合院逐
漸替換成樓房建築的情形

大林蒲田野／約1980年／洪富賢 提供

現址為小港區鳳林路新生巷

農田／1988 年／吳瑞宗 提供

收割後的大林蒲農田

大林蒲洪家古井／1989 年／吳瑞宗 提供

吳黃雀阿嬤古井旁洗衣

大林蒲林家古井／1989 年／吳瑞宗 提供

汲水器／1989 年／吳瑞宗 提供

大林蒲吳家（鳳林路 65 號）屋前的津田型手壓式汲水泵浦（水協仔）

鳳鼻頭三角公園／ 1989 年／吳瑞宗 提供

鳳鼻頭三角公園

鹽埕頭巷弄／1989年10月9日／吳瑞宗 提供

大林蒲鹽埕頭一景

大林蒲與紅毛港交界／1990 年／吳瑞宗 提供

大林蒲與紅毛港交界之街景

金玉鳳林市場商家開幕／ 1993 年 7 月 21 日／吳瑞宗 提供

位於鳳城街 420 號的金玉鳳林市場商家開幕情景

大林蒲海灘與水管筏／ 1996 年 5 月 30 日／萬國榮 拍攝／鳳興里辦公處 提供
大林蒲的海灘與停在海灘上的水管筏，水管筏上面放著漁具等物品

鳳林國中校慶社區踩街嘉年華／2004 年／許順良 提供

1979 年（民國 68 年），小港鄉併入高雄市，鳳林國中於該年 8 月 1 日成立，圖為
25 週年校慶

防空洞／2017 年 6 月 1 日／吳瑞宗 提供
大林蒲早期防空洞

邦坑民宅古厝／ 2018 年 8 月 4 日／顏明邦 提供
為土墼厝、土埆厝的傳統房屋，是臺灣開發初期常見的建築型態

大林蒲洪家古井／2018 年 8 月 19 日／顏明邦 提供

古井左側為咕咾石砌外牆之古厝，右側為紅磚斗子砌外牆之古厝

大林蒲一景／時間不詳／鳳興里辦公處 提供

巨大的石油儲藏槽與高壓電塔、電線，構成了工業區景致，與前面漫草叢生的土地、
飛鳥構成強烈對比

鳳林國小升旗／時間不詳／鳳興里辦公處 提供

後方波浪狀屋頂的建物是學校的司令台

鳳林觀音寺前豆花攤販／時間不詳／鳳興里辦公處 提供

廟宇前多會有攤販聚集，圖中的豆花攤販車右邊戴斗笠的行人購買後就直接站在攤車
旁邊享用

大林蒲海灘／時間不詳／林子程 攝影／鳳興里辦公處 提供

大林蒲海灘的孩童合影，與後方的腳踏車構成一幅出遊的印象，此一照片見證了大林
蒲地區當時的活力

市井生活

Daily life

鳳鼻頭山仔頭前的礁石上釣大魚／ 1940 年代初／龔飛濤 提供

鳳林國小舊司令台／約 1976 年／洪富賢 提供

大林蒲公學校創立於 1918 年（大正 7 年），1951 年（民國 40 年）易名為鳳林國民
學校，1968 年（民國 57 年）定名為鳳林國民小學

大林蒲早期海邊抓魚苗／約 1980 年代／鳳興里辦公處 提供
頭戴斗笠的漁夫正以簡單的漁具捕撈魚苗

大林蒲海岸／1982 年／許順良 提供

因南星計畫填海造陸，此海灘今已消失

蔗田收成／1989 年／吳瑞宗 提供

大林蒲萬應公廟前蔗田收成，阿嬤揹著小孫女在蔗園工作

萬應公廟前的菜園／1989 年／吳瑞宗 提供

大林蒲萬應公廟前的菜園

野台戲／1989 年 9 月 30 日／吳瑞宗 提供

於大林蒲金玉鳳林市場

63 號公車／1989 年 10 月／吳瑞宗 提供
鳳林國小學生放學搭公車的情形

鳳林國小學生放學時／1989 年 10 月 4 日／吳瑞宗 提供

鳳林國小學生放學等公車情形

大林蒲柑仔店／1989 年 10 月 5 日／吳瑞宗 提供

大林蒲林姓阿嬤的柑仔店

鹽埕頭生活風貌／1989 年 10 月 9 日／吳瑞宗 提供

大林蒲鹽埕頭日常生活景象

鹽埕頭巷弄／ 1989 年 10 月 9 日／吳瑞宗 提供

大林蒲鹽埕頭一景

取水／1989 年 10 月 10 日／吳瑞宗 提供

於大林蒲洪家古井

街頭抗議／1989 年 10 月 10 日／吳瑞宗 提供

抗議焚化爐進駐（舊鳳林國中位址前，鳳北路）

鳳源里里長選舉／ 1990 年 5 月／吳瑞宗 提供
鳳源里里長選舉，工作人員準備去插旗子

廟會／1990 年 5 月／吳瑞宗 提供

鳳林宮前的廟會

第一屆西南瘋音樂會／ 2016 年 2 月 20 日／吳瑞宗 提供

唯有吹著「西南風」，才能讓大林蒲的天空更加的美麗，選擇在這片土地上辦音樂祭
有其特別的意義，因為這片土地原先是海和沙灘。圖為 2016 年第一屆西南瘋音樂祭。
地點：中林路、南星路交會處

第一屆西南瘋音樂祭／2016 年 2 月 20 日／吳瑞宗 提供
第一屆西南瘋音樂祭，金煙囪文化協進會理事長洪富賢唸祭土文

流動攤販／2017年1月15日／吳瑞宗 提供

從林園過來的流動攤販，每天會在大林蒲巷弄裡穿梭叫賣。圖為吳姓古厝咕咾石砌外牆

推腳踏車賣棉被的阿公／2017 年 1 月 21 日／吳瑞宗 提供

鳳林路鳳西街交叉口，已 90 歲高齡的阿公，仍像往年一樣騎著推車在巷弄裡穿梭買賣數十年

修理鐘錶的師傅／2018 年 9 月 16 日／吳瑞宗 提供

鳳林路鳳興鐘錶行，早期大林蒲有 8 家的鐘錶行，隨著時代變遷，至今仍有 3 家的鐘錶行

大林蒲酬神野台戲／時間不詳／林子程 拍攝／鳳興里辦公處 提供
大林蒲庄頭在瓦房民居附近進行酬神布袋戲的野台戲出演

在地信仰

Folk belief

鳳林宮前的戲台／約 1960 年代／邱忠建 提供

鳳林宮前的戲台合照

青獅陣前往鳳山祝壽／約 1960 年代／邱忠建 提供

鳳林宮建醮暨重修紀念／1963年12月17日／邱忠建 提供

農曆11月2日鳳林宮建醮暨重修慶成紀念合照

祈安／1970 年代／蔡高明 攝影／蔡泰隆 提供

寺廟舉行醮祭時，都會在廟口前設七星燈篙，上掛五寸黃色燈籠七盞，各懸於斗笠下，主要
功用為招引陰界孤魂

五朝祈安清醮暨鳳林宮重建落成大典之主壇／ 1978 年 10 月／吳啟泉 提供

五朝祈安清醮暨鳳林宮重建落成大典，此為主壇吳鞍心，位於鳳林路 65 號

五朝祈安清醮暨鳳林宮重建落成大典之遶境／ 1978 年 10 月／吳啟泉 提供

五朝祈安清醮暨鳳林宮重建落成大典遶境，行經鳳林路和中心路口

五朝祈安清醮暨鳳林宮重建落成大典之酬神／1978 年 10 月／蔡高明 攝影／蔡泰隆 提供

大林蒲鳳林宮／1978 年 10 月／蔡高明 攝影／蔡泰隆 提供

大林蒲鳳林宮新廟落成五朝祈安清醮／1978 年 10 月／蔡高明 攝影／蔡泰隆 提供

大林蒲鳳林宮新廟落成五朝祈安清醮

祭儀樂師／1978 年 10 月／蔡高明 攝影／蔡泰隆 提供

大林蒲鳳林宮新廟落成五朝祈安清醮

五朝祈安清醮暨鳳林宮重建落成大典／ 1978 年 10 月／蔡高明 攝影／蔡泰隆 提供

第二排左一：時任鳳興村村長洪德護先生
第二排左二：時任青獅陣領隊邱水木先生

五朝祈安清醮暨鳳林宮重建落成大典／1978年10月／蔡高明 攝影／蔡泰隆 提供

廟埕前踩高蹺／ 1978 年 10 月／蔡高明 攝影／蔡泰隆 提供

大林蒲藝陣於鳳林宮廟埕前踩高蹺

駛犁陣／1978 年 10 月／蔡高明 攝影／蔡泰隆 提供

大林蒲藝陣之駛犁陣

八家將／1978 年 10 月／蔡高明 攝影／蔡泰隆 提供

大林蒲藝陣之八家將

青獅陣／1978 年 10 月／蔡高明 攝影／蔡泰隆 提供

大林蒲藝陣之青獅陣

大鼓陣／1978 年 10 月／蔡高明 攝影／蔡泰隆 提供

大林蒲藝陣之大鼓陣

大林蒲藝陣於鳳林路上／1978 年 10 月／蔡高明 攝影／蔡泰隆 提供

鳳林路上

五朝祈安清醮暨鳳林宮重建落成大典／1978年11月／蔡高明 攝影／蔡泰隆 提供

1974年（民國63年）因開發臨海工業區，鳳林宮被徵收，董事吳丁福招資重建，於該年11月2日在鳳林路160號現址破土，於1978年（民國67年）竣工

酬神戲台／1989 年／吳瑞宗 提供
萬應公廟農曆 3 月 1 日萬應公祖千秋

遶境／1994 年／吳瑞宗 提供

鳳林宮建醮遶境（鳳林路）

鳳林宮遶境／1994 年／吳瑞宗 提供

鳳林宮遶境到海城公祖（鳳北路與鳳林路交叉口）

青獅陣／2004 年 2 月 28 日／吳瑞宗 提供

鳳林宮之「青獅陣」乃是由宋江陣衍伸而來，兩者差別在於宋江陣由「頭旗」領導陣頭；而青獅陣則是由「獅頭」引領整個陣式。此照片為時任總統陳水扁造訪鳳林宮時之青獅陣

鳳林宮遶境／ 2006 年 5 月 6 日／吳瑞宗 提供

溫朱池三王爺代天巡狩遶境暨鳳林宮建宮 309 年

鳳林宮遶境／2006年5月6日／吳瑞宗 提供

溫朱池三王爺代天巡狩遶境暨鳳林宮建宮 309 年。圖為十二婆姊

鳳林宮遶境／ 2006 年 5 月 6 日／吳瑞宗 提供

溫朱池三王爺代天巡狩遶境暨鳳林宮建宮 309 年。圖為由娘子軍扛的轎子鳳山寺妙應仙妃

邦坑龍鳳宮祀神／2013 年 7 月 14 日／林建良 提供

高雄市小港鳳鼻頭邦坑仔龍鳳宮，中央主祀天上聖母，手持笏板呈交叉狀；右側為玄天上帝
並有手印訣，左側為戴府王公

鳳鼻頭武鳳宮進香回駕遶境／ 2014 年 2 月／林建良 提供

鳳鼻頭武鳳宮主祀關聖帝君，同祀溫府千歲，神轎進香回鑾遶境的過程

鳳鼻頭妙玄堂乩童出關儀式／ 2014 年 7 月／林建良 提供

經過村莊廟宇主神挑選成為乩童後，尚須經過坐禁儀式，坐禁儀式結束後，則在老乩童的引
導下進行出關儀式。相片為乩童正在進行儀式

鳳鼻頭妙玄堂乩童出關儀式／2014 年 7 月／林建良 提供

鳳鼻頭妙玄堂李府千歲乩童進行出關儀式

鳳鼻頭黃家朱府王爺開光／2014 年 11 月／林建良 提供

鳳鼻頭黃家朱府王爺開光儀式中四駕與晃動的神轎

鳳鼻頭黃家朱府王爺開光／2014 年 11 月／林建良 提供

朝鳳寺進行儀式的法師

鳳鼻頭黃家朱府王爺開光／2014 年 11 月／林建良 提供
朝鳳寺前兩班神轎互動之過程

鳳鼻頭抗議環境汙染／2015 年 6 月／林建良 提供

因工業區附近調查指出可能是旗山斷層所在位置，加上路面下有許多地下石化管線，因此參
與者透過「我要安全居住環境」大遊行表達對氣爆風險的擔憂

鳳鼻頭尊王堂遶境／2015 年 10 月 3 日／林建良 提供

神轎與轎班在鳳鳴宮進行儀式

青獅陣／2017 年 4 月 11 日／吳瑞宗 提供

鳳林宮青獅陣

大林蒲鳳林宮啟建五朝祈安清醮大典／2017 年 11 月 6 日／吳瑞宗 提供

有 320 年歷史的鳳林宮，於 1906 年（明治 39 年）舉辦第一次建醮，2017 年舉辦遷村前最
後一次建醮活動，有 200 餘文武陣頭參加，為鳳林宮有史以來最盛大的建醮活動

大林蒲鳳林宮啟建五朝祈安清醮大典／2017 年 12 月 3 日／吳瑞宗 提供

有 320 年歷史的鳳林宮，於 1906 年（明治 39 年）舉辦第一次建醮，2017 年舉辦遷村前最
後一次建醮活動，有 200 餘文武陣頭參加，為鳳林宮有史以來最盛大的建醮活動

大林蒲鳳林宮啟建五朝祈安清醮大典／2017 年 12 月 3 日／吳瑞宗 提供

有 320 年歷史的鳳林宮，於 1906 年（明治 39 年）舉辦第一次建醮，2017 年舉辦遷村前最
後一次建醮活動，有 200 餘文武陣頭參加，為鳳林宮有史以來最盛大的建醮活動

大林蒲鳳林宮啟建五朝祈安清醮大典／ 2017 年 12 月／顏明邦 提供

鳳林宮於 1906 年（明治 39 年）舉辦第一次建醮，2017 年舉辦大林蒲鳳林宮啟建五朝祈安
清醮大典為遷村前最後一次建醮活動

大林蒲鳳林宮啟建五朝祈安清醮大典／2017年12月／吳瑞宗 提供

有320年歷史的鳳林宮，於1906年（明治39年）舉辦第一次建醮，2017年舉辦遷村前最
後一次建醮活動，有200餘文武陣頭參加，為鳳林宮有史以來最盛大的建醮活動

大林蒲鳳林宮啟建五朝祈安清醮大典／ 2017 年 12 月／顏明邦 提供

2017 年舉辦大林蒲鳳林宮啟建五朝祈安清醮大典為遷村前最後一次建醮活動，圖為超過
3,000 桌的普渡法會

大林蒲鳳林宮啟建五朝祈安清醮大典／ 2017 年 12 月／顏明邦 提供

2017 年舉辦大林蒲鳳林宮啟建五朝祈安清醮大典為遷村前最後一次建醮活動，圖為超過
3,000 桌的普渡法會

大林蒲鳳林觀音寺／2018 年 9 月／吳瑞宗 提供

鳳林觀音寺主祀釋迦牟尼佛，前身為大林埔念佛會，寺廟創建於 1967 年（民國 56 年），並
在 1981 年（民國 70 年）年重建

南星計畫

Nansing Project

海上中秋夜活動／1995 年／許順良 提供

大林蒲濱海公園／ 1998 年／許順良 提供

佔地約 3.3 公頃之「大林蒲濱海公園」，位於高雄市最南端的大林蒲龍鳳路旁，成立於 1996
年 5 月，是具有海濱風味特色之主題公園

大林蒲濱海公園之沙灘日落／ 2000 年／許順良 提供

大林蒲濱海公園之沙灘／ 2000 年／許順良 提供

大林蒲濱海公園地標／ 2000 年／許順良 提供

大林蒲濱海公園是高雄市「南星計畫」用建築廢棄物、砂土以及中鋼煉鋼所衍生的爐石填海
造陸新生土地之一，從該公園可看到人工海岸

海上電影院／2000 年／許順良 提供

晨曦／2008 年 6 月 19 日／吳瑞宗 提供

這裡原是沙灘和海，政府為了南星計畫區，築起堤防填土所形成的「堰塞湖」，晨曦陽光從
南北大武山昇起烙印在湖面上，詩情畫意

藍海／2012 年 1 月 25 日／吳瑞宗 提供

（接上圖）由於填土造成污染，導致湖面染成「藍海」，經媒體大肆報導後，便加速填土

荒野／ 2017 年 1 月 8 日／吳瑞宗 提供

（接上圖）填土後，成了荒地，雜草叢生

黃昏／2017 年 4 月 16 日／吳瑞宗 提供

南星計畫區的觀浪堤處以廢輪胎囤積緩衝海浪衝擊，黃昏雖美，但這裡已成了禁區

南星計畫區／2018 年 6 月 27 日／吳瑞宗 提供

雨後的一場「晨霧」

南星計畫區／ 2018 年 6 月 27 日／吳瑞宗 提供
晨光，南星計畫填海造陸區，有些地方因雨積水所形成的小塘

南星計畫區／ 2018 年 6 月 27 日／吳瑞宗 提供

雨後的一場「晨霧」

南星計畫區╱ 2018 年 9 月 2 日╱吳瑞宗 提供

2018 年 8 月 23 日南部豪雨成災，南星計畫填海造陸區嚴重積水形成水潭，日落彩霞烙印在
潭面上十分的美麗

南星計畫區／2018 年 9 月 2 日／吳瑞宗 提供

2018 年 8 月 23 日南部豪雨成災，南星計畫填海造陸區嚴重積水形成水潭，日落彩霞烙印在
潭面上十分的美麗

南星計畫區／2018 年 9 月 3 日／吳瑞宗 提供

2018 年 8 月 23 日南部豪雨成災，南星計畫地區積水成潭，水位退卻後，埋在水中的植物又
重新浮出水面

人文薈萃

Good place

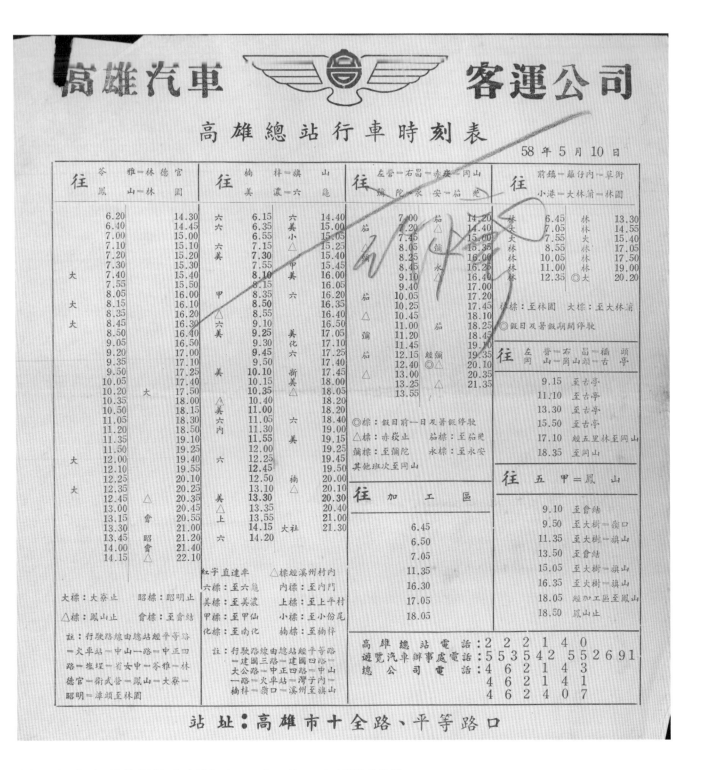

高雄汽車客運公司高雄總站行車時刻表／1965 年 2 月 10 日／蔡耀慶 提供

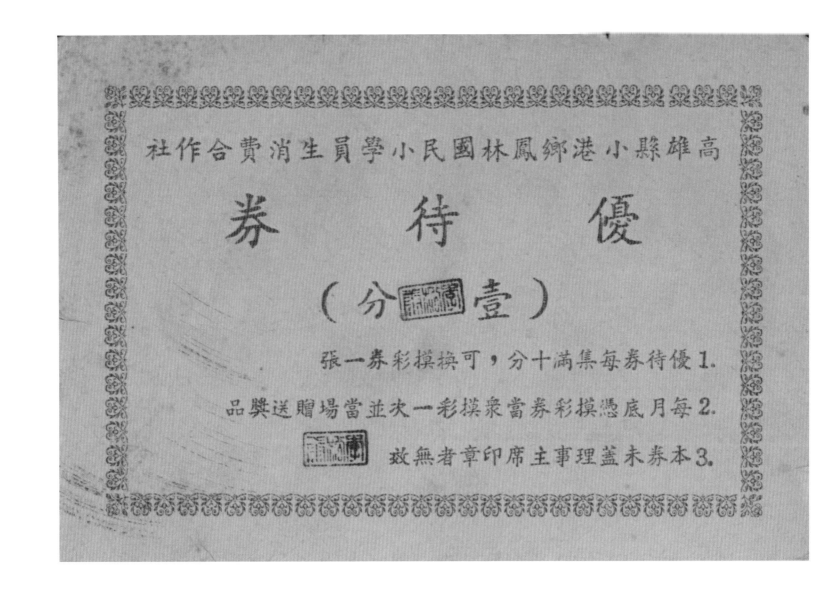

高雄縣小港鄉鳳林國民小學員生消費合作社優待券（壹分）╱約 1920 年代╱蔡耀慶 提供

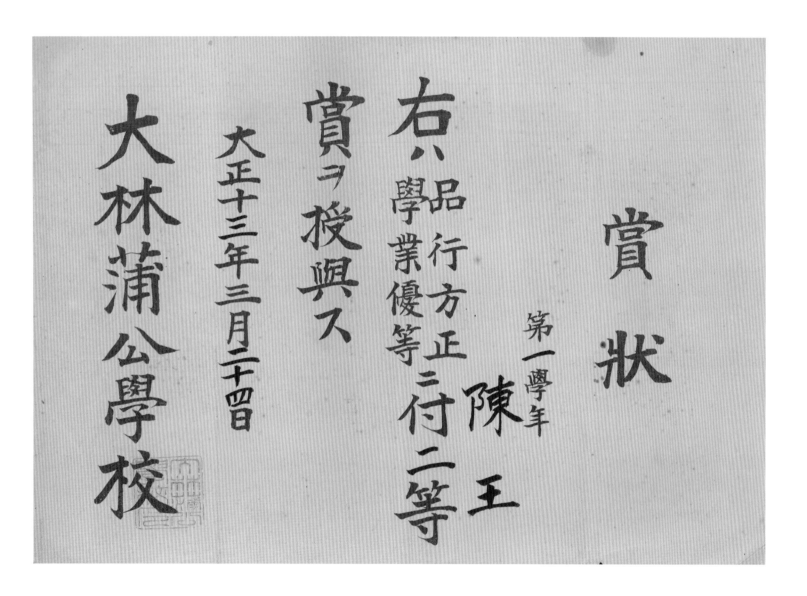

大林蒲公學校學生陳王的賞狀／ 1924 年 3 月 24 日／黃瑛明 提供

大林蒲公學校創立於 1918 年（大正 7 年），為鳳林國民小學最早的前身，圖為大正 13 年學生陳王的獎狀

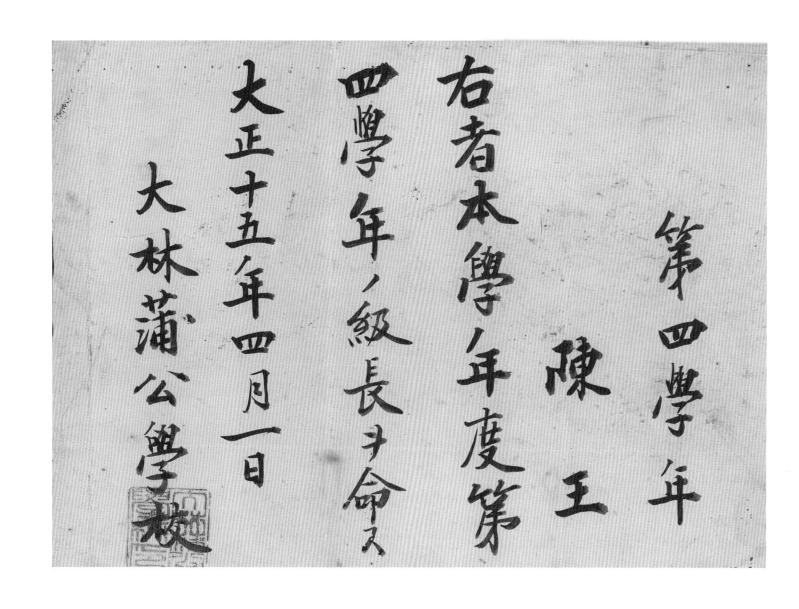

大林蒲公學校陳王擔任第 4 學年級長證明／ 1926 年 4 月 1 日／蔡耀慶 提供

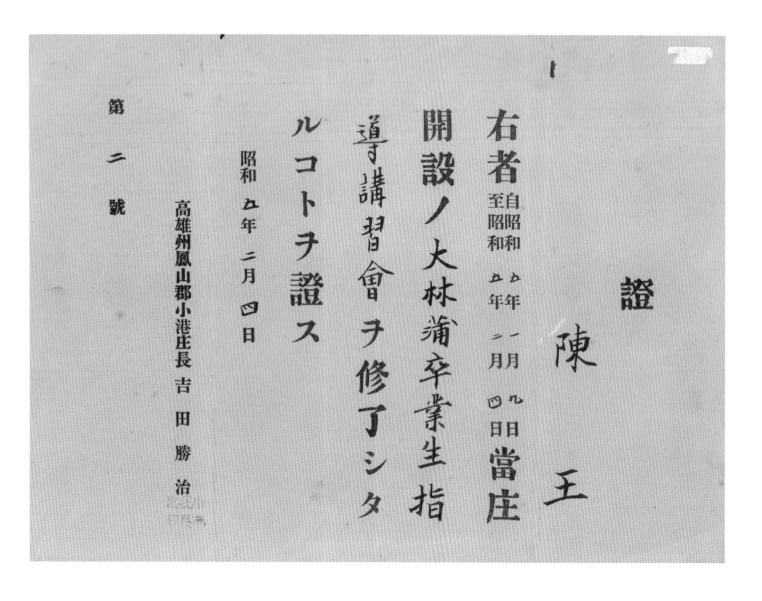

陳王參加大林蒲畢業生指導講習會證明／1930 年 2 月 4 日／蔡耀慶 提供

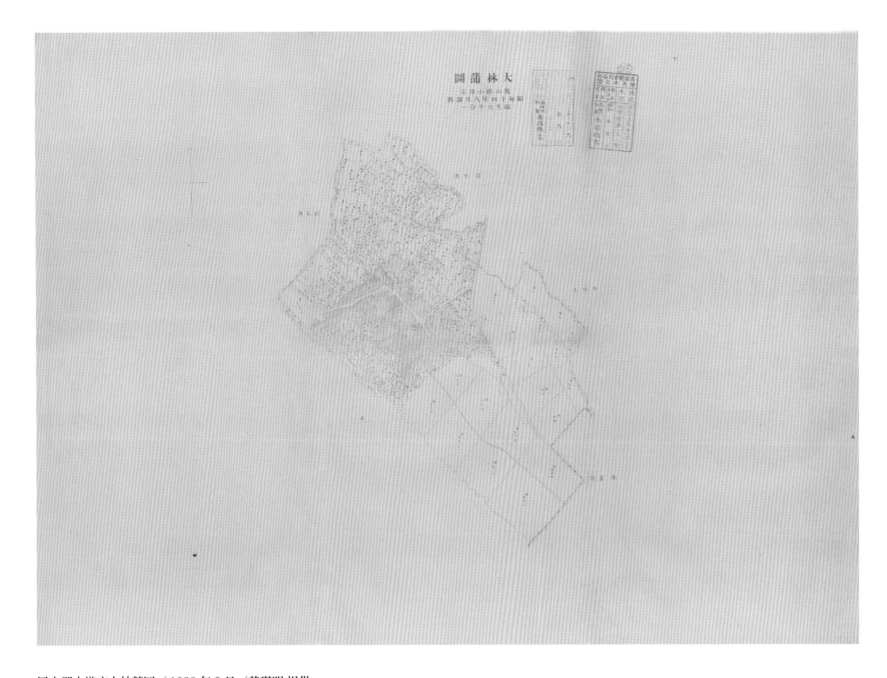

鳳山郡小港庄大林蒲圖／ 1939 年 8 月／黃瑛明 提供

小港庄，為 1920 年至 1945 年間存在之行政區，轄屬高雄州鳳山郡。今高雄市小港區。轄域
內分為小港、二苓、大人宮、店子後、塩水港、中林子、鳳鼻頭、大林蒲、紅毛港、中大厝、
空地子、蒞蔥腳、中廍、大坪頂、二橋、草衙、佛公十七個大字

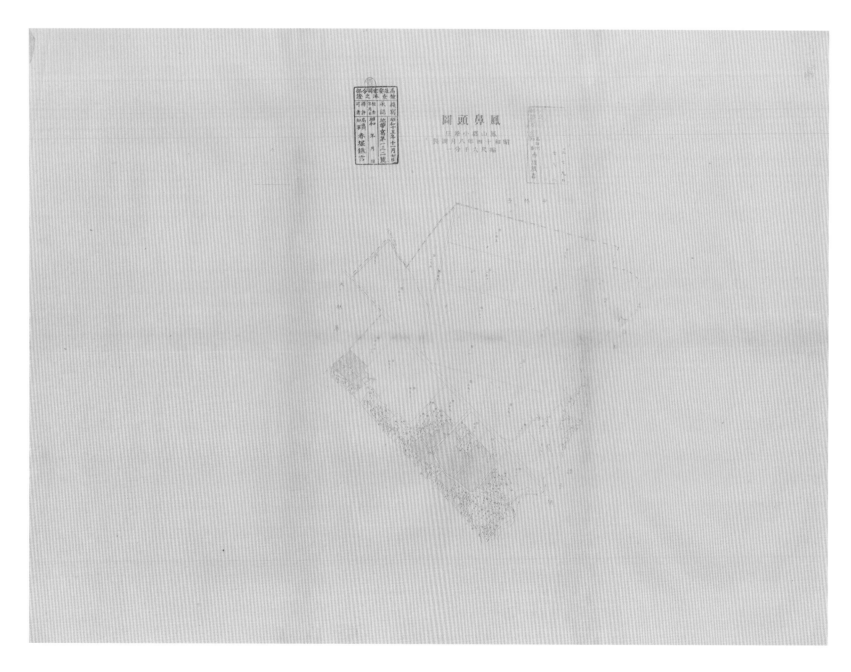

鳳山郡小港庄鳳鼻頭圖／1939 年 8 月／黃瑛明 提供

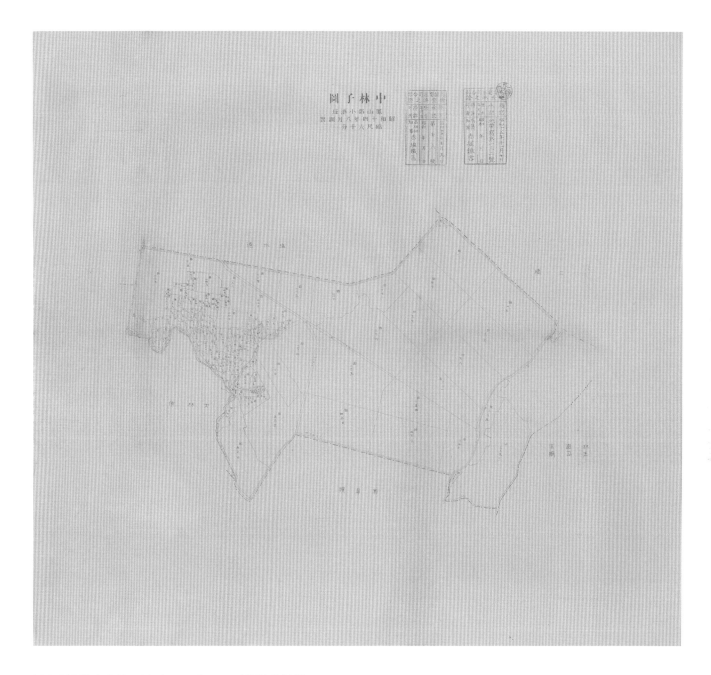

鳳山郡小港庄中林子圖／1939 年 8 月／黃瑛明 提供

龔文滔（鳳韶）／1940 年代／龔飛濤 提供

龔文滔，字鳳韶（1899-1969），鳳鼻頭人。日治時期參加過「文化協會」的講演團。曾任
鳳鼻頭保正和村長，並於 1950 年代，兩度參選小港鄉長均告落敗，為地區古典詩人

襲 文 滔

鳳林漁業組合長　小港庄協議會員　小港

庄獎學委員　部落改善委員長　保正

【經歷】　明治三十二年六月十八日現住地二生ル　幼少ヨリ書

（現）　高雄州鳳山郡小港庄鳳鼻頭三六三

房二入リテ漢文ヲ學習シ造詣深シ　若キ身ヲ以テ實業界二投

入ス　鳳鼻頭海産公司代表　鳳林漁業組合長二歷任シ　同地

方漁業界ノ成功者ナリ　公共事業二對シテハ常二率先シ一肌

ヲ脱キ　現二保正　協議會員等ノ職ニアリ　趣味ハ詩作　音

樂　登山

【家庭】　妻朱氏順トノ間二四男二女アリ

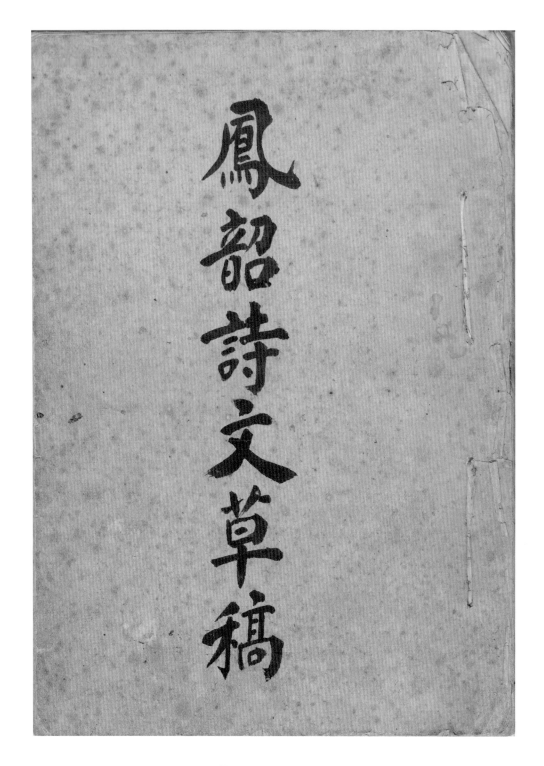

鳳韶詩文草稿－封面／1940 年代／龔飛濤 提供

龔文滔自題的詩文草稿封面

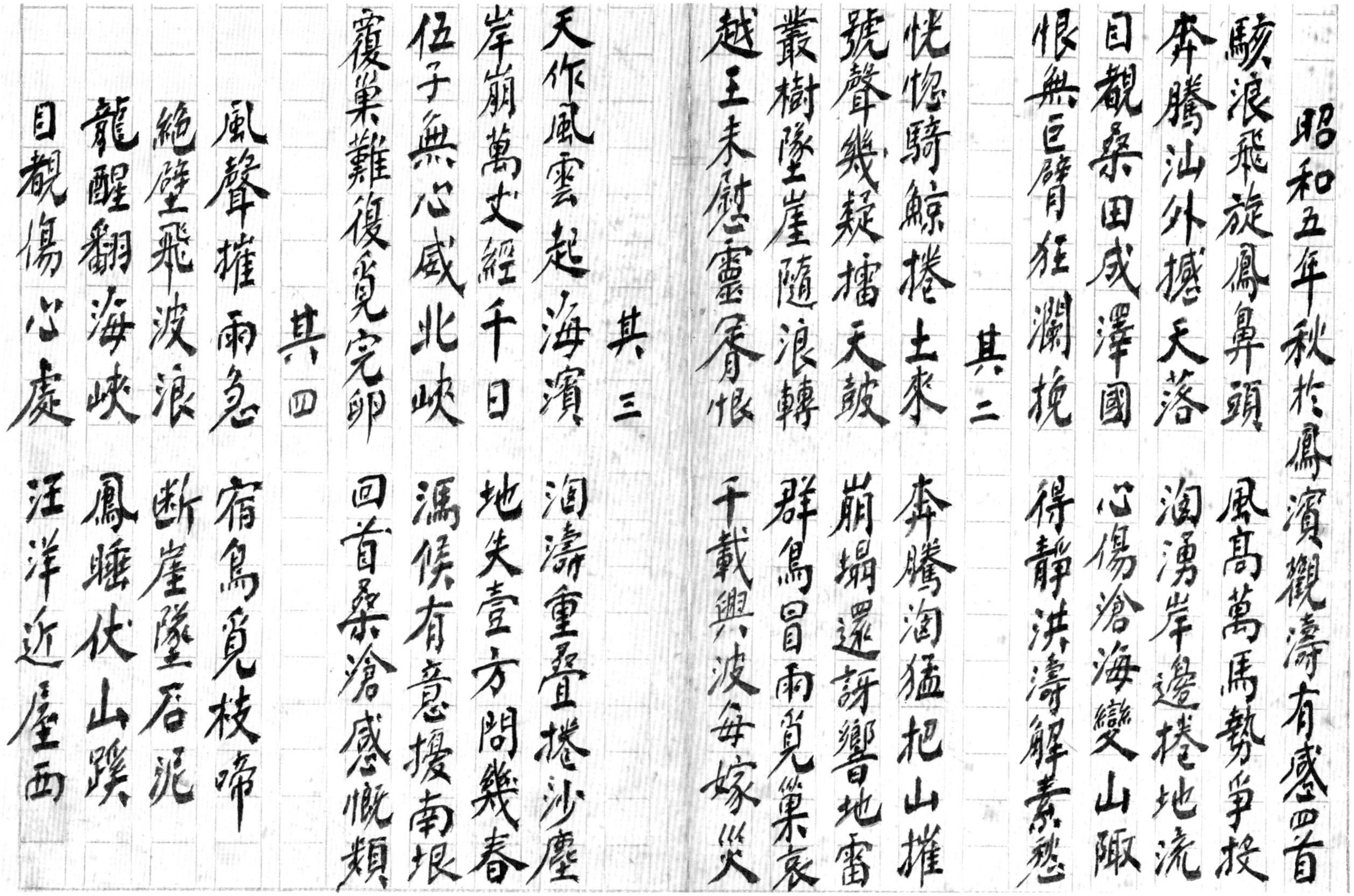

其四
風聲摧雨急　宿鳥覓枝啼
絕壁飛波浪　斷崖墜石泥
龍醒翻海峽　鳳睡伏山蹊
目觀傷心處　汪洋近屋西

其三
天作風雲起海濱　洶濤重疊捲沙塵
岸崩萬丈經千日　地失壹方問幾春
伍子無心咸北峽　馮候有意援南垠
覆巢難復覓完卵　回首桑滄感慨頻

其二
恍惚騎鯨捲土來　奔騰洶猛把山摧
號聲幾疑擂天皷　崩塌還訝曾地雷
叢樹隊崖隨浪轉　群鳥冒雨覓巢哀
越王未慰靈胥恨　千載興波每嫁災

昭和五年秋於鳳濱觀濤有感四首

駭浪飛旋鳳鼻頭　風高萬馬勢爭投
奔騰汕外撼天落　洶湧岸邊捲地流
目觀桑田成澤國　心傷滄海變山陬
恨無巨臂狂瀾挽　得靜洪濤解素愁

龔文滔（鳳韶）親筆詩四首／1930年代／龔飛濤 提供

「昭和五年秋於鳳濱觀濤有感」四首
描寫暴風雨下的鳳鼻頭海岸

鳳鼻湍潮

似鶪非雛覓鳳來　瑞鳥何時下紫臺

世險亦知隨日轉　德衰漫向意流哀
心傷聲浪鵝頭接　眼望層濤鹿耳回
安得滄江平萬里　迎風奮翮上瑤台

其二

吳不鳴岐奉聖明　偏來據險此南瀛
靈鼉吸浪聲俱落　神鳥翻波勢欲傾
風到鵝鑾知麗島　秋高鯤鹿感寒晶
北溟未學鵬摶策　須待安瀾海晏清

其三

自從靈翮下瀛東　幾度湍潮湧碧空
旋捲銀蛇翻蟹殿　昇沈玉兔遁蟾宮
聲喧澎海往來浪　雨打玩球南北蓬
寄語漁人須仔細　勿教雙槳溫雄風

龔文滔（鳳韶）親筆詩三首／ 1940 年代／龔飛濤 提供

「鳳鼻湍潮」三首
在詩裡作者以一隻飛鳳從空中俯視，觀察南台的海象，而引申出深長的寓意

大林蒲地方官紳／1940 年代初／龔飛濤 提供

前排左一：龔文滔；中排左二：吳欽炳醫生（文化協會吳海水之姪）；左三：日警坂口；
右二：風颱伯仔（醫生）

大林蒲郵局前／日治時期／鳳興里辦公處 提供

日治時期穿著和服、軍服與和洋混合風格的人物於大林蒲郵局前的合影

日治時期的合影／日治時期／鳳興里辦公處 提供

大林蒲公學校第十五回卒業紀念照／1937年3月／鳳興里辦公處 提供

鳳林國民小學的前身，大林蒲公學校的畢業合影

參加神社祭的鳳鼻頭花車隊伍 ／ 1940 年代初／龔飛濤 提供

照片右方旗幟上有「鳳鼻頭無敵艦隊」字樣，反映太平洋戰爭爆發前後，軍國主義的狂熱氣氛

大林蒲公學校師生照／日治時期／龔飛濤 提供

大林蒲國民學校光復第 3 屆畢業紀念／ 1948 年 7 月／鳳興里辦公處 提供

日治時期為大林蒲公學校，戰後改稱為大林蒲國民學校

鳳鳴國小唱遊課教學觀摩／1960-1970 年代／鳳鳴國小 提供

學校每學期都必須辦理教學觀摩，以年紀及小朋友動作，加上老師腳踩風琴，判斷是低年級
唱遊課

鳳鳴國小交通安全宣導／ 1960-1970 年代／鳳鳴國小 提供

政治作戰學校下鄉服務，有時帶領團康活動，也有各項教育宣導。圖為交通安全教育

鳳鳴國小教育宣導／ 1960-1970 年代／鳳鳴國小 提供

各項教育宣導，都是全校師生集合在操場，聆聽老師指導

鳳鳴國小遊行活動／ 1960-1970 年代／鳳鳴國小 提供

1970 年代國慶日、台灣光復節、蔣公誕辰紀念日、開國紀念日都會舉行遊行活動，而且一路呼口號

鳳鳴國民小學舊大門遊行隊伍／ 1960-1970 年代／鳳鳴國小 提供

1951 年（民國 40 年）10 月設置高雄縣鳳林國民學校鳳鳴分班；1959 年（民國 48 年）8 月
獨立設校為高雄縣小港鄉鳳鳴國民學校；1968 年（民國 57 年）8 月更名為高雄縣立小港鄉
鳳鳴國民小學；1979 年（民國 68 年）8 月，實施九年國民教育，改制為高雄市立小港區鳳
鳴國民小學。圖為學生手持「消除髒亂」標語

鳳林國民學校第 15 屆畢業紀念照／1960 年 7 月／許順水 提供

高雄縣鳳林國民學校第 21 屆畢業生／ 1966 年 7 月／鳳興里辦公處 提供

1968 年（民國 57 年）實施九年國民義務教育前的鳳林國民小學前身，鳳林國民學校 1966
年的畢業生合影留念

高雄縣小港鄉鳳林國民小學第 26 屆畢業生暨老師留念／1971 年 6 月／許順水 提供

因九年國民義務教育實施之故，鳳林國民學校已更名為鳳林國民小學

「實踐莊敬自強端正禮俗」鳳鳴國小宣導隊遊行／1970 年代／鳳鳴國小 提供

1971 年聯合國 2758 號決議案後，中華民國喪失聯合國席位，此時期常見「莊敬自強‧處變不驚」標語

高雄縣小港鄉鳳鳴國民小學大門／ 1970 年代／鳳鳴國小 提供

1979 年 7 月高雄市改制為直轄市，小港鄉由高雄縣歸併高雄市並改為小港區，由圖中的大
門口校名可判別時間是在 1979 年以前

鳳鳴國小保密防諜演講比賽／ 1970 年 11 月／鳳鳴國小 提供

保防教育是當時政府很重視的一環，每年一定要辦理多項相關的競賽

鳳鳴國小社區排球賽／ 1970 年代／鳳鳴國小 提供

學校敦親睦鄰友愛社區，經常辦理體育賽事。年輕老師也會和社區青年切磋球技

高雄縣小港鄉鳳林國民小學第 27 屆畢業生暨老師／ 1972 年 6 月／鳳興里辦公處 提供

鳳林國民小學的畢業生合影，照片後方的建築顯示了鳳林國小的校舍正在改建更新

大林蒲托兒所第 8 屆畢業紀念／1973 年 7 月 20 日／高雄市立歷史博物館 提供

高雄市鳳鳴國小 71 學年度教職員合影留念／ 1983 年 6 月 22 日／鳳鳴國小 提供

當時政府編有公教人員服裝費，遇有大活動時穿著，呈現團體整齊儀容，相片中老師穿著制服，拍攝一年一度的畢業紀念照

鳳鳴國小鳳字花圃／ 1991 年 3 月 12 日／鳳鳴國小 提供

1980 年代，在學校中庭以矮仙丹種植鳳鳴兩字，為學校精神標竿。新生入學與畢業時，分
別拍攝照片，對比金色童年

雕刻師傅／ 2017 年 1 月 5 日／吳瑞宗 提供

大林蒲楊姓雕刻師傅。圖為應公口前的民宅

雕刻師傅／ 2017 年 12 月 1 日／吳瑞宗 提供

大林蒲趙姓雕刻師傅

臨
海
風
情

Style village

漁塭／ 1988 年 7 月 4 日／吳瑞宗 提供

黃昏的大林蒲漁塭

鳳鼻頭漁港沿岸燈火／2017 年 3 月 26 日／吳瑞宗 提供

鳳鼻頭漁港曙光／2017 年 4 月 11 日／吳瑞宗 提供

鳳鼻頭漁港晚霞／2017 年 5 月 17 日／吳瑞宗 提供

鳳鼻頭漁港虹橋／ 2017 年 7 月 4 日／吳瑞宗 提供

鳳鼻頭漁港晨曦／ 2017 年 7 月 5 日／吳瑞宗 提供

大林蒲全景／2017 年 7 月 16 日／顏明邦 提供

大林蒲全景／ 2017 年 7 月 16 日／顏明邦 提供

大林蒲全景／2017 年 7 月 16 日／顏明邦 提供

大林蒲與鳳鼻頭鳥瞰圖／2017 年 8 月 21 日／平烈浩 提供

大林蒲與鳳鼻頭今昔對比之鳥瞰圖。上為 2017 年、下為 1970 年的航照圖

大林蒲全景／2017年11月30日／平烈浩 提供

臨港聚落──大林蒲 · 鳳鼻頭 · 邦坑仔影像選輯

大林蒲夜景／2017 年 11 月 30 日／平烈浩 提供

大林煉油廠／2017 年 11 月 30 日／平烈浩 提供

大林蒲之中油大林煉油廠

大林蒲全景／ 2017 年 11 月 30 日／平烈浩 提供

大林蒲一景／ 2017 年 11 月 30 日／平烈浩 提供

鳳鼻頭漁港／2017 年 11 月 30 日／平烈浩 提供

鳳鼻頭／2017 年 11 月 30 日／平烈浩 提供

大林蒲全景／2017 年 12 月 6 日／平烈浩 提供

大林蒲全景／2017 年 12 月 6 日／平烈浩 提供

鳳鼻頭漁港晚霞／2018 年 2 月 24 日／吳瑞宗 提供

大林蒲全景／2018 年 7 月 29 日／顏明邦 提供

臨海工業區／2018 年 8 月 4 日／顏明邦 提供

圖錄索引

Image index

p.028
鳳林觀音寺前的冒泡攤販
時間不詳 / 鳳興里辦公處 提供

p.029
大林蒲海灘
時間不詳 / 林子程 攝影 / 鳳興里辦公處 提供

p.032
鳳鼻頭山仔頭前的礁石上釣大魚
1940 年代初 / 龔飛濤 提供

p.033
鳳林國小舊司令台
約 1976 年 / 洪富賢 提供

p.034
大林蒲早期海邊抓魚苗
約 1980 年代 / 鳳興里辦公處 提供

p.035
大林蒲海岸
1982 年 / 許順良 提供

p.036
蔗田收成
1989 年 / 吳瑞宗 提供

p.037
萬應公廟前的菜園
1989 年 / 吳瑞宗 提供

p.038
野台戲
1989 年 9 月 30 日 / 吳瑞宗 提供

p.039
63 號公車
1989 年 10 月 / 吳瑞宗 提供

p.040
鳳林國小學生放學時
1989 年 10 月 4 日 / 吳瑞宗 提供

p.041
大林蒲柑仔店
1989 年 10 月 5 日 / 吳瑞宗 提供

p.042
鹽埕頭生活風貌
1989 年 10 月 9 日 / 吳瑞宗 提供

p.043
鹽埕頭巷弄
1989 年 10 月 9 日 / 吳瑞宗 提供

p.044
取水
1989 年 10 月 10 日 / 吳瑞宗 提供

p.045
街頭抗議
1989 年 10 月 10 日 / 吳瑞宗 提供

p.046
鳳源里里長選舉
1990 年 5 月 / 吳瑞宗 提供

p.047
廟會
1990 年 5 月 / 吳瑞宗 提供

p.048
第一屆西南瘋音樂會
2016 年 2 月 20 日 / 吳瑞宗 提供

p.049
第一屆西南瘋音樂祭
2016 年 2 月 20 日 / 吳瑞宗 提供

p.050
流動攤販
2017 年 1 月 15 日 / 吳瑞宗 提供

p.051
推腳踏車賣棉被的阿公
2017 年 1 月 21 日 / 吳瑞宗 提供

p.052
樹仔腳福德祠神像
2018 年 9 月 16 日 / 吳瑞宗 提供

p.053
大林蒲酬神野台戲
時間不詳 / 林子程 拍攝 / 鳳興里辦公處 提供

p.056
鳳林宮前的戲台
約 1960 年代 / 邱忠建 提供

p.057
青獅陣前往鳳山祝壽
約 1960 年代 / 邱忠建 提供

p.058
鳳林宮建醮暨重修紀念
1963 年 12 月 17 日 / 邱忠建 提供

p.059
祈安
1970 年代 / 蔡高明 攝影 / 蔡泰隆 提供

p.060
五朝祈安清醮暨鳳林宮重建落成大典之主壇
1978 年 10 月 / 吳啟泉 提供

p.061
五朝祈安清醮暨鳳林宮重建落成大典之遶境
1978 年 10 月 / 吳啟泉 提供

p.062
五朝祈安清醮暨鳳林宮重建落成大典之酬神
1978 年 10 月 / 蔡高明 攝影 / 蔡泰隆 提供

p.063
大林蒲鳳林宮
1978 年 10 月 / 蔡高明 攝影 / 蔡泰隆 提供

p.064
大林蒲鳳林宮新廟落成五朝祈安清醮
1978 年 10 月 / 蔡高明 攝影 / 蔡泰隆 提供

p.065
祭儀樂師
1978 年 10 月 / 蔡高明 攝影 / 蔡泰隆 提供

p.066
五朝祈安清醮暨鳳林宮重建落成大典
1978 年 10 月 / 蔡高明 攝影 / 蔡泰隆 提供

p.067
五朝祈安清醮暨鳳林宮重建落成大典
1978 年 10 月 / 蔡高明 攝影 / 蔡泰隆 提供

p.068
廟埕前踩高蹺
1978 年 10 月 / 蔡高明 攝影 / 蔡泰隆 提供

p.069
駛犁陣
1978 年 10 月 / 蔡高明 攝影 / 蔡泰隆 提供

p.070
八家將
1978 年 10 月 / 蔡高明 攝影 / 蔡泰隆 提供

p.071
青獅陣
1978 年 10 月 / 蔡高明 攝影 / 蔡泰隆 提供

p.072
大鼓陣
1978 年 10 月 / 蔡高明 攝影 / 蔡泰隆 提供

p.073
大林蒲藝陣於鳳林路上
1978 年 10 月 / 蔡高明 攝影 / 蔡泰隆 提供

p.074
五朝祈安清醮暨鳳林宮重建落成大典
1978 年 11 月 / 蔡高明 攝影 / 蔡泰隆 提供

p.075
酬神戲台
1989 年 / 吳瑞宗 提供

p.076
謝壇
1994 年 / 吳瑞宗 提供

p.077
鳳林宮遶境
1994 年 / 吳瑞宗 提供

p.078
青獅陣
2004 年 2 月 28 日 / 吳瑞宗 提供

p.079
鳳林宮遶境
2006 年 5 月 6 日 / 吳瑞宗 提供

p.080
鳳林宮遶境
2006 年 5 月 6 日 / 吳瑞宗 提供

p.081
鳳林宮遶境
2006 年 5 月 6 日 / 吳瑞宗 提供

p.082
邦坑龍鳳宮祀神
2013 年 7 月 14 日 / 林建良 提供

p.083
鳳鼻頭武鳳宮進香回駕遶境
2014 年 2 月 / 林建良 提供

p.084
鳳鼻頭妙玄堂乩童出關儀式
2014 年 7 月 / 林建良 提供

p.085
鳳鼻頭妙玄堂乩童出關儀式
2014 年 7 月 / 林建良 提供

p.086
鳳鼻頭黃家朱府王爺開光
2014 年 11 月 / 林建良 提供

p.087
鳳鼻頭黃家朱府王爺開光
2014 年 11 月 / 林建良 提供

p.088
鳳鼻頭黃家朱府王爺開光
2014 年 11 月 / 林建良 提供

p.089
鳳鼻頭抗議國際塔汙染
2015 年 6 月 / 林建良 提供

p.090
鳳鼻頭尊王堂遶境
2015 年 10 月 3 日 / 林建良 提供

p.091
青獅陣
2017 年 4 月 11 日 / 吳瑞宗 提供

p.092
大林蒲鳳林宮啟建五朝祈安清醮大典
2017 年 11 月 6 日 / 吳瑞宗 提供

p.093
大林蒲鳳林宮啟建五朝祈安清醮大典
2017 年 12 月 3 日 / 吳瑞宗 提供

p.094
大林蒲鳳林宮啟建五朝祈安清醮大典
2017 年 12 月 3 日 / 吳瑞宗 提供

p.095
大林蒲鳳林宮啟建五朝祈安清醮大典
2017 年 12 月 / 顏明邦 提供

p.096
大林蒲鳳林宮啟建五朝祈安清醮大典
2017 年 12 月 / 吳瑞宗 提供

p.097
大林蒲鳳林宮啟建五朝祈安清醮大典
2017 年 12 月 / 顏明邦 提供

p.098
大林蒲鳳林宮的建醮祈安朝庇安清醮大典
2017 年 12 月 / 顏明邦 提供

p.099
大林蒲鳳林觀音寺
2018 年 9 月 / 吳瑞宗 提供

p.102
海上中秋夜活動
1995 年 / 許順良 提供

p.103
大林蒲濱海公園
1998 年 / 許順良 提供

p.104
大林蒲濱海公園之沙灘日落
2000 年 / 許順良 提供

p.105
大林蒲濱海公園之沙灘
2000 年 / 許順良 提供

p.106
大林蒲濱海公園地標
2000 年 / 許順良 提供

p.107
海上電影院
2000 年 / 許順良 提供

p.108
晨曦
2008 年 6 月 19 日 / 吳瑞宗 提供

p.109
藍海
2012 年 1 月 25 日 / 吳瑞宗 提供

p.110
荒野
2017 年 1 月 8 日 / 吳瑞宗 提供

p.111
與伴
2017 年 4 月 16 日 / 吳瑞宗 提供

p.112
南星計畫區
2018 年 6 月 27 日 / 吳瑞宗 提供

p.113
南星計畫區
2018 年 6 月 27 日 / 吳瑞宗 提供

p.114
南星計畫區
2018 年 6 月 27 日 / 吳瑞宗 提供

p.115
南星計畫區
2018 年 9 月 2 日 / 吳瑞宗 提供

p.116
南星計畫區
2018 年 9 月 2 日 / 吳瑞宗 提供

p.117
南星計畫區
2018 年 9 月 3 日 / 吳瑞宗 提供

p.120
高雄汽車客運公司高雄總站行車時刻表
1965 年 2 月 10 日 / 蔡耀慶 提供

p.121
高雄縣小港鄉鳳林國民小學員生消費合作社優待券（壹分）
約 1920 年代 / 蔡耀慶 提供

p.122
大林蒲公學校學生陳王的賞狀
1924 年 3 月 24 日 / 黃瑛明 提供

p.123
大林蒲公學校陳王擔任第 4 學年級長證明
1926 年 4 月 1 日 / 蔡耀慶 提供

p.124
陳玉參加大林蒲畢業生指導講習會證明
1930 年 2 月 4 日 / 蔡耀慶 提供

p.125
鳳山郡小港庄大林蒲圖
1939 年 8 月 / 黃瑛明 提供

p.126
鳳山郡小港庄鳳鼻頭圖
1939 年 8 月 / 黃瑛明 提供

p.127
鳳山郡小港庄中林子圖
1939 年 8 月 / 黃瑛明 提供

p.128
龔文滔（鳳韶）
1940 年代 / 龔飛濤 提供

p.129
龔文滔（鳳韶）
1934 年 3 月 25 日 / 龔飛濤 提供

p.130
鳳韶詩文草稿－封面
1940 年代 / 龔飛濤 提供

p.131
龔文滔（鳳韶）親筆詩四首
1930 年代 / 龔飛濤 提供

p.132
龔文滔（鳳韶）親筆詩三首
1940 年代 / 龔飛濤 提供

p.133
大林蒲地方官紳
1940 年代初 / 龔飛濤 提供

p.134
大林蒲郵局前
日治時期 / 鳳興里辦公處 提供

p.135
日治時期的合影
日治時期 / 鳳興里辦公處 提供

p.136
大林蒲公學校第十五回卒業紀念照
1933 年 3 月 / 鳳興里辦公處 提供

p.137
參加神社祭的鳳鼻頭花車隊伍
1940 年代初 / 龔飛濤 提供

p.138
大林蒲公學校師生照
日治時期 / 龔飛濤 提供

p.139
大林蒲國民學校光復第 3 屆畢業紀念
1948 年 7 月 / 鳳興里辦公處 提供

p.140
鳳鳴國小唱遊課教學觀摩
1960-1970 年代 / 鳳鳴國小 提供

p.141
鳳鳴國小交通安全宣導
1960-1970 年代 / 鳳鳴國小 提供

p.142
鳳鳴國小教育宣導
1960-1970 年代 / 鳳鳴國小 提供

p.143
鳳鳴國小遊行活動
1960-1970 年代 / 鳳鳴國小 提供

p.144
鳳鳴國民小學舊大門遊行隊伍
1960-1970 年代 / 鳳鳴國小 提供

p.145
鳳林國民學校第 15 屆畢業紀念照
1960 年 7 月 / 許順水 提供

p.146
高雄縣鳳林國民學校第 21 屆畢業生
1966 年 7 月 / 鳳興里辦公處 提供

p.147
高雄縣小港鄉鳳林國民小學第 26 屆畢業生
暨老師留念
1971 年 6 月 / 許順水 提供

p.148
「實踐莊敬自強端正禮俗」鳳鳴國小宣導隊遊行
1970 年代 / 鳳鳴國小 提供

p.149
高雄縣小港鄉鳳鳴國民小學大門
1970 年代 / 鳳鳴國小 提供

p.150
鳳鳴國小保密防諜演講比賽
1970 年 11 月 / 鳳鳴國小 提供

p.151
鳳鳴國小社區排球賽
1970 年代 / 鳳鳴國小 提供

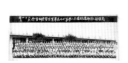
p.152
高雄縣小港鄉鳳林國民小學第 27 屆畢業生
暨老師
1972 年 6 月 / 鳳興里辦公處 提供

p.153
大林蒲托兒所第 8 屆畢業紀念
1973 年 7 月 20 日 / 高雄市立歷史博物館 提供

p.154
高雄市鳳鳴國小 71 學年度教職員合影留念
1983 年 6 月 22 日 / 鳳鳴國小 提供

p.155
鳳鳴國小鳳字花圃
1991 年 3 月 12 日 / 鳳鳴國小 提供

p.156
雕刻師傅
2017 年 1 月 5 日 / 吳瑞宗 提供

p.157
雕刻師傅
2017 年 12 月 1 日 / 吳瑞宗 提供

p.160
漁塭
1988 年 7 月 4 日 / 吳瑞宗 提供

p.161
鳳鼻頭漁港沿岸燈火
2017 年 3 月 26 日 / 吳瑞宗 提供

p.162
鳳鼻頭漁港曙光
2017 年 4 月 11 日 / 吳瑞宗 提供

p.163
鳳鼻頭漁港晚霞
2017 年 5 月 17 日 / 吳瑞宗 提供

p.164
鳳鼻頭漁港虹橋
2017 年 7 月 4 日 / 吳瑞宗 提供

p.165
鳳鼻頭漁港晨曦
2017 年 7 月 5 日 / 吳瑞宗 提供

p.166
大林蒲全景
2017 年 7 月 16 日 / 顏明邦 提供

p.167
大林蒲全景
2017 年 7 月 16 日 / 顏明邦 提供

p.168
大林蒲全景
2017 年 7 月 16 日 / 顏明邦 提供

p.169
大林蒲與鳳鼻頭鳥瞰圖
2017 年 8 月 21 日 / 平烈浩 提供

p.170
大林蒲全景
2017 年 11 月 30 日 / 平烈浩 提供

p.181
臨海工業區
2018 年 8 月 4 日 / 顏明邦 提供

p.171
大林蒲夜景
2017 年 11 月 30 日 / 平烈浩 提供

p.172
大林煉油廠
2017 年 11 月 30 日 / 平烈浩 提供

p.173
大林蒲全景
2017 年 11 月 30 日 / 平烈浩 提供

p.174
大林蒲一景
2017 年 11 月 30 日 / 平烈浩 提供

p.175
鳳鼻頭漁港
2017 年 11 月 30 日 / 平烈浩 提供

p.176
鳳鼻頭
2017 年 11 月 30 日 / 平烈浩 提供

p.177
大林蒲全景
2017 年 12 月 6 日 / 平烈浩 提供

p.178
大林蒲全景
2017 年 12 月 6 日 / 平烈浩 提供

p.179
鳳鼻頭漁港晚霞
2018 年 2 月 24 日 / 吳瑞宗 提供

p.180
大林蒲全景
2018 年 7 月 29 日 / 顏明邦 提供

臨港聚落──
大林蒲 ‧ 鳳鼻頭 ‧ 邦坑仔影像選輯

影像提供　平烈浩、邱忠建、吳啟泉、吳瑞宗、林建良、洪富賢、陳海瑞、
　　　　　許順水、許順良、黃瑛明、鳳鳴國小、鳳興里辦公處、蔡泰隆、
　　　　　蔡耀慶、顏明邦、龔飛濤（順序依姓氏筆畫排列）
編　　著　行政法人高雄市立歷史博物館
策畫督導　王御風、曾宏民
策畫執行　王興安、林婉綺

主　　編　徐惠雅
執行編輯　胡文青
美術編輯　陳正桓
封面設計　盧卡斯工作室

指導單位　經濟部工業局、高雄市政府
主辦單位　高雄市政府文化局
出版單位　行政法人高雄市立歷史博物館
承辦單位　行政法人高雄市立歷史博物館
發 行 人　楊仙妃
地　　址　803 高雄市鹽埕區中正四路 272 號
電　　話　07-531-2560
傳　　真　07-531-9644
網　　址　www.khm.org.tw

共同出版　晨星出版有限公司
地　　址　407 台中市工業區 30 路 1 號
電　　話　04-2359-5820
傳　　真　04-2355-0581
網　　址　www.morningstar.com.tw
郵政劃撥　22326758 晨星出版有限公司
法律顧問　陳思成律師
登 記 證　新聞局版台業字第 2500 號

出版日期　2018 年 12 月初版一刷
定　　價　新台幣 450 元整
I S B N　978-986-05-7726-6
G P N　1010702182

國家圖書館出版品預行編目（CIP）資料

臨港聚落：大林蒲.鳳鼻頭.邦坑仔影像選輯 / 行
政法人高雄市立歷史博物館編著 . -- 初版 . -- 高
雄市：高市史博館；臺中市：晨星，2018.12
　面；　公分 .
ISBN　978-986-05-7726-6(平裝)
1. 歷史 2. 人文地理 3. 高雄市小港區

733.9/131.9/103.2　　　　　　　107020949

本書為「大林蒲文史資源調查」出版系列